Karl Vondal

braumüller

Christa Schwertsik

Der Verzauberte Prinz

Inhalt

Wie es dazu kam …

Ein wichtiges Buch aus meiner Kindheit: **„Wir sind ganz unter uns“**, fröhliche Tiergeschichten von Arthur Heinz Lehmann, illustriert von Heinz Rammelt. Hellbrunn Verlag Salzburg 1948.

Ich habe es noch immer! Da leben alle Tiere hilfsbereit, mit Anstand in Freundschaft miteinander, gütig überwacht von König Löwe. Ein Paradies. So wollt ich es haben. Menschen kommen darin nicht vor.

Die Tiere Afrikas in diesem Buch hatten es mir derart angetan, dass ich Afrikaforscherin werden wollte: am Lohnerroller – wer kennt die Marke heute noch – mit Tropenhelm und Schmetterlingsnetz durch die Sahara! Frohgemut und unerschrocken!
Auf der Suche nach dem Paradies, von dem mir das Buch erzählt hatte?

*

Als Großmutter darf ich Märchen erzählen. Ich bevorzuge jene mit glücklichem Ausgang, auf grausame und niederträchtige verzichte ich. Mich faszinieren die phantastischen Begebenheiten und Wendungen fernab jeder Realität. Die positiv oder negativ wirkenden Zauberkräfte, die nach Oben oder Unten ziehen.

Die Unbeirrbarkeit der handelnden Personen, ihre Kraft und Zielstrebigkeit, ihr zähes Ringen ums Gelingen. Der böse Zauber darf nicht triumphieren, das Gute – oft in Form der Liebe – muss siegen!

Zu meinem eigenen Vergnügen und zur Unterhaltung der Familie begann ich mir eigene Versionen bekannter Märchen zusammenzureimen.

Ist ein Entschluss in ihr gereift
Großmutter zum Bleistift greift
Verse und Gedanken keimen
Märchen will sie fortan reimen
Anders als die Brüder Grimm
Doch das ist nicht weiter schlimm.

*

Im Sommer 2021 erhielt ich zu meiner großen Freude eine Einladung der Gugginger Künstler. So hatte ich das große Vergnügen, an zwei Sonntagnachmittagen, in Gugging einige meiner Märchen vorzulesen. Bei Kaffee und Kuchen.

Es war wunderbar mit diesen Menschen beisammen zu sein und zu erleben, wie während und nach der Lesung einige Bilder entstanden, die dieses Buch schmücken und auszeichnen.

Christa Schwertsik

Die Bremer Stadtmusikanten

Dort wo sich kreuzen Bus und Bahn
trafen sich Esel, Katze, Hund und Hahn.
Jeder aus seinem persönlichen Grund
gelangte an diesen Verkehrsknotenpunkt.
Hoch im Norden war's, vielleicht in Rügen,
Genaures weiß ich nicht, ich müsst' sonst lügen.

Man machte sich miteinander bekannt.
Der Esel: „Gestatten, Ferdinand,
schlepp' schwere Lasten über Land."
Die Katze: „Mein Name ist Elise,
Mäusejagd meine Devise."
Der Hahn: „Siegfried, Kammersänger,
Tenor, zur zeit Spaziergänger."
Der Hund: „Man ruft mich Rolf,
mütterlicherseits sogar noch Wolf."

Sie fragten einander wohin die Reise,
da stellt sich heraus, seltsamerweise,
Marienbad ihr gemeinsames Ziel war!
Obwohl gewiss auch Zufall im Spiel war,
war'n es vor allem die Beschwerden,
die jeder hoffte dort loszuwerden.
So fingen sie an darüber zu plaudern.

Der Esel als erster ohne zu zaudern:
„Hab' seit Jahren rheumatische Knochen,
bin von Schmerzen geplagt zur Mühle gekrochen."
„Bei den Mäusen bin ich als harmlos verschrien",
greint die Katze,
„keine Chance sie zu fangen, hab' fünf Dioptrien."
„Und ich", schnauft der Hund, „hab' kurzen Atem,
verzichte längst auf Hasenbraten."
„In Marienbad", krächzt der Hahn, „löse man Stimmbandknoten –
meint mein Arzt – bis dahin sei jegliches Singen verboten."

Im Nu verging eine volle Stunde,
man erörterte dies und das, auch Naturheilkunde,
allmählich wurde es still in der Runde.
„He Leute, ich hab' eine Bombenidee", spricht der Esel,
„anstatt die Zeit mit Warten verbringen,
lasst uns doch ein Liedchen singen!
Wir sind zu viert, ein Viergesang,
beim Singen wird die Zeit nicht lang,
ich brumme den Bass!"
„Ich geh' etwas höher, das kommt mir zupass", drauf der Hund.

„Hab' strengstes Singverbot",
krächzt der Hahn, „pianissimo singen mein Angebot."
„Zum Quartett fehlt noch der Sopran,
den übernehme ich", schnurrt die Katze und fing
gleich an.

Da ergriff auch die andern Sangeslust
und bald ertönte es aus voller Brust!
Alle sangen mit Verve und Mut.
Beim ersten Mal klang's noch nicht so gut,
doch sie befanden es gar nicht so schlecht!
Echt?

*

„In Bremen, hört' ich, fehlt's an Musikanten",
spricht der Esel, „Profis und auch Dilettanten,
wir könnten's mit Fleiß zu etwas bringen
und uns als Quartett nach Bremen verdingen!"
„Du meinst im Ernst nach Bremen?", krächzt der
Hahn,
„du meinst, die würden uns dort nehmen?"
„Ach, lasst uns der Kälte des Nordens entflieh'n",
ruft die Katze,

„singend in den Süden zieh'n,
ins Land wo die Orangen blüh'n!"
„Famose Idee, wir sind entzückt
auf nach Italien, auf ins Glück!"

Obwohl schon ziemlich altersschwach,
hingen sie Jugendträumen nach:
Man könnt' sich zu Gitarrenklängen
in eine Trattoria drängen!
Kühler Wein aus der Amphore
im Schatten einer Sykomore!
Sonette schreiben für Elisa
unterm Schiefen Turm von Pisa!

*

So schwärmten sie, da kam ein Bus,
der fuhr – wohin – zum Bosporus?
„Nee, nee, den können wir nicht nehmen,
doch den dahinter, der fährt nach Bremen!
Soweit reicht uns're Reisekasse,
nach Italien fahr'n wir dann erster Klasse!
Drum heißt's in Bremen reüssieren
und mit Gesang viel Geld lukrieren.

Wir könnten in Lokalen singen,
wo Paare ihre Beine schwingen.
Zum Kränzchen im Seniorenheim
lädt man uns ganz sicher ein.
Beim renommierten Reeder Ball
singen wir auf jeden Fall
und nächtens wenn die Schiffe ruh'n,
gibt's in den Kneipen viel zu tun!"
Zahllos waren die Möglichkeiten
ihre Reise zu bestreiten.

Der Hund, obwohl davon keine Ahnung,
nahm ernstlich ein Programm in Planung
und den Termin für ein erstes Konzert,
nach nur einem Versuch höchst bemerkenswert!

*

Und Marienbad?
War's drum nicht schad?
Marienbad war längst vergessen,
sie wollten nur mehr Pizza essen!
Plötzlich, man fuhr schon geraume Zeit,
nach Bremen war es nicht mehr weit,

plötzlich zeigt sich ein Haus, hell erleuchtet im
Tann:
„He, Chauffeur, fahr langsam,
noch besser, halt an!
Was hat's mit dem Haus dort für Bewandtnis?"
„Seht ihr denn nicht,
dass es ein Freudenhaus ist?",
verschafft sich der Chauffeur
Gehör.
„Was wollt ihr vier denn in so einem Haus?
Vier komische Typen, euch wirft man raus!"
„Das lass unsre Sorge sein,
wir wollen in das Haus jetzt rein!
Dank sei dir, Mann des Transportes,
du Kenner dieses verschwiegenen Ortes!"

*

Der Esel schritt aus,
war als erster beim Haus,
späht begierig hinein.
„Die Fenster so hoch, wir so klein", bellt der Hund,
„das ist unfair, ist gemein!
Du wirst dich jetzt gefälligst bücken,

wir drei ersteigen deinen Rücken."
„Bin weder Lastenträger noch Jongleur,
nehmt das zur Kenntnis, bitte sehr!", schreit der Esel.
„Ist der Herre gar von Adel?
Bück' dich, sonst beiß' ich dich ins Wadel",
knurrt der Hund gefährlich.
„Ein arroganter Patron, mal ehrlich",
meint die Katze und schärft die Krallen.
„Und mein Schnabel, so spitz", krächzt der Hahn,
„wird dir auch nicht gefallen!"
Da ging der Esel in die Knie,
nahm alle auf den Rücken, dann sahen auch sie.

Was sahen sie? Du meine Güte:
ein Bacchanal in voller Blüte!!
Ein veritables Festbankett,
dem fehlt's komplett an Etikett!
Männer, Frauen, trunken kreisen
um eine Tafel überladen mit Speisen.
Auch lag neben jedem Besteck
eine schlanke Pistole, gehört die zum Gedeck?
Wilde Tänze, nackte Glieder,
Leiber wogen auf und nieder.

Dort
wälzt sich ein halbnacktes Paar
wollüstig in Kaviar.
Vorn
eine Frau mit blauen Lippen
springt auf den Tisch, beginnt zu strippen.
Drüben
drei dicke Herren, splitternackt,
geigen im Dreivierteltakt.

Am Pokertisch entsteht ein Streit:
Messer – man ist kampfbereit.
Banknotenbündel auf dem Tisch,
Augen glitzern mörderisch!
Da: eine Hand, eine Pistole,
ein Schuss, ein Schrei, eine Parole:
„Das ist die Rache der Camorra,
ruhe sanft, du alter Schnorrer!"
Jemand wird hinaus geschleift,
eine Frauenstimme keift:
„Ums Haar hätt'st du mein Blut vergossen,
mich, deine Mutter abgeschossen!"
Den Vieren vorm Fenster stockt der Atem,
wo waren sie bloß hingeraten!

*

„Ach, könnte es uns doch gelingen,
in diese Kneipe einzudringen“, seufzt die Katze,
„wie könnten wir es jemals schaffen,
schwach wie wir sind und ohne Waffen!“
„Wir müssten sie zu Tod erschrecken,
dann blieben ihre Waffen stecken!“, drauf der Esel.
„Na ja, jeder von uns ein scharfes Messer,
wär in diesem Falle besser“, meint der Hund.
„Hört meinen Plan“,
kräht da der Hahn,
„wir fangen lauthals an zu schrei'n
und stürmen in den Saal hinein.
Die da drinnen packt der Schreck,
wir stürzen rein, die andern weg!“
„Dein Plan, Gevatter, ist famos,
auf dein Zeichen brüllen wir los!“

Gesagt, getan;
ein Schemen vorm Fenster, schauderhaft,
ein Ungeheuer voll dräuender Kraft,
ein Getöse wie aus dem Höllenschlund,
am lautesten schrie'n Esel und Hund,

Katze und Hahn im Diskant eher schrill …
… drinnen ward es totenstill!
Doch nur kurz,
dann stürzte alles zur Tür,
allen voran der Mann am Klavier.

Es fielen Teller, Messer, Whiskygläser,
Federboas, Kalabreser,
alles was im Wege stand
wurde brutal umgerannt.

*

„He Leute, das hat ja voll geklappt“, staunen die
vier,
„die dachten die Sitte hätte sie ertappt!“

*

Sie blickten sich um:
Juwelen, Gold und Opium,
achtlos verstreut lag es herum.
„Könnten wir dies nicht an uns raffen
und uns ein schönes Leben machen?“

Sie spielten echt mit dem Gedanken,
die Moral geriet gefährlich ins Schwanken.
Merkbar gestört die innere Ruh'
wandten sie sich zögernd den Speisen zu.
„Lasst uns jetzt die Tafel plündern,
unser Nahrungsmanko mindern,
voll Stolz auf unser Schelmenstück …
… herrje, da kommen die Räuber zurück!
Zornentbrannt und Säbel schwingend,
ohne Zweifel Unheil bringend!"

Bedroht von Waffen aller Art,
fassungslos und angsterstarrt
begannen die vier einen Kanon zu singen,
ein Quäntchen Lebenszeit zu gewinnen.
Da sanken, oh Wunder – war'n sie tot oder munter –
Gewehr- und Pistolenläufe runter!

*

Der träumerische Viergesang
besänftigte den Tötungsdrang,
zauberte dem Diebsgelichter
verschämtes Lächeln auf die Gesichter.

Andächtig lauschten die wilden Kerle,
in manchem Aug' eine Tränenperle.
„Ach, hätt' ich mich einst der Kunst ergeben,
müsst' ich jetzt nicht als Räuber leben!"

*

Da brüllt der Chef der Gangstertruppe:
„Weg mit dieser Kasperltruppe!
Lasst uns auf die Sänger stürzen,
ihren Lebensfaden kürzen!"
Der Esel antwortet drauf schlicht:
„haltet ein, das tät' ich nicht!
An uns'ren Armen, Beinen, selbst am Nabel
hängen explosive Kabel.
In Federn und in Fell versteckt,
habt ihr sie noch nicht entdeckt!
Schießt ihr los, ist alles aus,
kein Wehgesang, kein Leichenschmaus!
Lasst sofort die Waffen sinken,
sonst wird's hier bald nach Dörrfleisch stinken!"

„Uje,
das klingt verdammt gefährlich", grinst der Chef,

„ich glaube fast ihr meint es ehrlich!
Vier schräge Typen so wie ihr:
ein wahres Lebenselixier!
Ihr seid vielleicht ein irrer Haufen,
wolltet uns für dumm verkaufen.
Wir sind gerührt,
kommt lasst uns saufen!
Wie wäre es geschmeidig zu koexistieren,
unsre Talente zu fusionieren?
Ihr leidet fürder keine Not,
ergreift ihr unser Angebot:
1. beste Verpflegung
2. komfortables Logis
in unserem Gästehaus vis-à-vis.
Ihr revanchiert euch
3. mit Gesang
bei Sonnen- und bei Mondaufgang."

„Wunderbar", applaudiert der Hund,
„dann bleiben alle hier gesund!"
„Euer Vermögen wächst beträchtlich,
lauscht ihr dem Gesang allnächtlich", so der Esel.
„Schickt uns bald auf große Tour", fordert die
Katze,

„wir lechzen schon lange nach Hochkultur,
haben genug von Wald und Flur.
Mit Nachdruck möchte ich nochmals erwähnen,
dass wir uns alle nach Italien sehnen.
An Rom und Florenz wär uns sehr gelegen!
Scheint unser Ansinnen am End' zu verwegen?"
„Wenn's weiter nichts ist", lächelt der Chef,
„das schaffen wir ganz mühelos,
bald seid ihr auf Achse, schon morgen geht's los!
Lasst uns rasch zusammenpacken,
am Weg noch zwei, drei, Banksafes knacken!"
„Auf nach Italien ins Land der Sänger,
die nordischen Nebel ertragen wir nicht länger!
Während wir konzertieren dort und da für die
Leute,
macht ihr nebenher ungestört fette Beute."
„Unser Glück wär vollkommen",
schmeichelt die Katze, „könnt's gelingen,
dem Papst in Rom ein Ständchen zu bringen!"
„Das lässt sich prima arrangieren", beruhigt der
Chef,
„wir wollen keine Zeit verlieren:
Unser Freund im Vatikan
setzt für euch ein Hochamt an.

Singend könnt ihr ministrieren,
hernach mit Papst und Kurie soupieren.
Jeder von euch kriegt Frack und Weste,
das ist für diese Gelegenheit das Beste."

*

Kunst und Verbrechen auf dieser Reise
fanden federnd zusammen in der üblichen Weise.
Kein Tag verging ohne großen Gewinn,
die synergetischen Kräfte machten echt Sinn.
So entstand nach und nach ein Großunternehmen
mit Sitz und Zentrale im heimischen Bremen.
Nach außen hin war's eine Sänger-Gilde
mit Möwen und Kranichen auf dem Schilde.
Zwar ahnte man, dass die Gilde mafios war,
nur wenige wussten was wirklich los war.
Doch die schwiegen und hielten den Mund,
denn davon zu reden wär gar nicht gesund.

Diese alte Geschichte erzählt man noch heute.
Sie ist nur ein Märchen!
Lebt wohl, liebe Leute.

Der Froschkönig
oder
Der Eiserne Heinrich

Personen

Brunnen

Fest gemauert in der Erden
hab ich eines nur im Sinn:
sauber muss das Wasser werden,
denn ein Frosch hockt mitten drin.
Hockt in meinen tiefsten Tiefen,
manchmal höre ich ihn schniefen:
„Einst war ich Prinz, Direktor beim Heere,
Frosch bin ich nun …
welche Misere!“
So klagt er fort tagaus tagein,
kackt derweil ins Wasser rein,
verwandelt so mein sauberes Reich
in einen brackig trüben Teich.
Kürzlich fasst’ ich den Entschluss,
dass mit dem Quaken Schluss sein muss
und sagt ihm kurzerhand „Ade,
mein Freund, du nervst,
ich bitt dich, geh!“
Zu mir kommt auch ein hübsches Mädchen,
die Königstochter namens Gretchen.
Setzt sich lasziv auf meinen Rand,

die goldne Kugel in der Hand
und wartet auf den Gärtner Steffen,
ihn würd sie gern am Brunnen treffen.

Frosch

Aufgrund des Bannspruchs einer Hexe
ward ich zum Frosch – Riesenkomplexe!
Begab mich rasch in Therapie,
da zeigt sich's: ich bin ein Genie!
Ein Genie in Wort und Ton,
keiner ahnt bisher davon.
Selbst ich nicht, das erstaunt mich bass,
doppelt begabt, das ist echt krass!
Bin Musiker, bin Literat
und sitz nun hier im Wasserbad.
Beschämend diese Existenz,
beschämend auch die Residenz.

Königstochter

Bin Königstochter,
bin von Adel,
bin sechzehn Jahr,
bin ohne Tadel,
doch hat kein Mann mich noch begehrt,

in Sehnsucht sich nach mir verzehrt.
Ach, käme doch auf flotten Sohlen
einer, um mich fortzuholen!

Gärtner

In den letzten sieben Tagen
kann ich mich kaum zum Brunnen wagen!
Die Königstochter sitzt am Rand,
die goldne Kugel in der Hand.
Was soll das plumpe Kokettieren,
will sie mich am End verführen?
Sie sollt sich bis ins Mark genieren,
in ihrer Kammer musizieren,
anstatt Männer zu bezirzen
in Gärtnerhut und Gärtnerschürzen!
Ich verehr die Königin,
die Gundi mit dem Doppelkinn.
Ach, wär sie meine Gärtnerin!

Königin

Wie man mir einstens prophezeite,
würd ich eines Königs Beute …
dank sei meiner Oberweite!
Räkle mich gern auf der Chaiselongue,

spiel ziemlich gut Akkordeon,
lese Nietzsche, Kant und Bertold Brecht,
das Zölibat finde ich schlecht,
kämpfe zäh für Emanzipation.
Hab eine Tochter, keinen Sohn
und hoffe sehr, dass dieses Kind
baldigst an Verstand gewinnt!

König

Ich regiere dieses Land.
Getauft wurde ich Hadubrand,
doch Gundi meine liebe Frau,
ihr Auge leuchtet dunkelblau,
nennt mich zärtlich „Monsieur Peter“,
den Grund dafür erfahrt ihr später.
Die schönste aller Rassefrauen,
mit dunklen, dicken Augenbrauen,
diese voll erblühte Rose
lebt mit mir in Symbiose.
Sie schenkte mir ein holdes Mädchen –
pubertär und schnippisch – namens Gretchen.

Goldne Kugel

Man kann mich drehen, wie man will,
ich sage nichts, ich bleibe still!

Erste Szene
Am Brunnen

Frosch

Heut früh beim ersten Sonnenschein
sprang ich in den Brunnen rein
und nahm ein Bad, wie ich es liebe,
zur Kalmierung meiner Triebe.
Durch und durch Frosch, kein bisschen Kröte,
präludiert ich hernach auf meiner Flöte.
So empfiehlt's mein Therapeut
und ich tu's auch, weil's mich freut.
Schon nähert sich das Königskind
und singt ein Lied im Morgenwind.
Sie setzt sich an den Brunnenrand,
die goldne Kugel in der Hand.

Königstochter *(singt nach der Melodie von „Am Brunnen vor dem Tore …")*

Am Brunnenrande sitz ich
Wie ist die Luft so frisch
Trotz kühler Brise schwitz ich
Was raschelt im Gebüsch?

Ich dreh die goldne Kugel
Beklommen hin und her
Und hoff es ist der Gärtner
Denn der interessiert mich sehr
Denn der interessiert mich sehr.

Frosch

Plötzlich: eine Explosion!
Der Flöte entkommt ein schriller Ton.
Ein Geschoss saust auf mich nieder,
es trifft gottlob keins meiner Glieder!
Wiewohl schockiert werde ich stutzig:
war das am End ein Attentat,
widerwärtig, feige, schmutzig?
Ich möchte auf der Stelle wissen,
wer hat das Ding nach mir geschmissen?
Das Geschoss, ich muss es finden
und seinen düsteren Sinn ergründen!
Blitzschnell wie ein Pinguin
tauch ich ab ins dunkle Grün.
Da hab das Ding ich schon gefasst!
Die Goldkugel ist's aus dem Palast,
mit der die Königstochter grad noch spielte,
derweil sie nach dem Gärtner schielte.

Vorhersehbar was dann passiert …
wär vorhin fast daran krepiert!

Die Prinzessin, diese Tussi,
brauch ich dringend für ein Bussi,
krieg sonst meine Prinzgestalt
nie zurück und werde alt.
Es hieß:
ein Jungfräulein könnt mich erlösen,
drum sollt ich nie im Wasser dösen,
sondern mich mit allen Kräften
an eines Mädchens Ferse heften.
Jetzt ist's soweit!
Ich, die Kugel in der Hand,
sie sitzt und weint am Brunnenrand.

Königstochter
O welcher Jammer, welche Schmach,
kaum floh ich aus dem Schlafgemach
ereilt mich dieses Missgeschick.
Wie krieg die Kugel ich zurück?
Der Schatz, den eine Fee mir gab,
sollt mich beschützen bis ans Grab!

Frosch

Königstochter, schönes Kind …

Königstochter

Wer ist's?

Frosch

Ich bin's, der Frosch, sag, bist du blind?

Königstochter

Ich kenn dich wohl, du Grüngesicht,
dass du auch sprichst, das wusst ich nicht.
Wisse denn: ich hab verloren,
was mich beschützt seit ich geboren.

Frosch

Ist es die goldne Kugel hier?

Königstochter

Ja, ja sie ist's, o gib sie mir!
Alles sollst du haben grüner Wicht,
alles, worauf du erpicht.

Frosch

Da sag ich: Königstochter fein,
ich möchte Euer Tischherr sein!

Königstochter

Das sollst du Fröschlein, kein Problem,
bis Mittag dann, auf Wiedersehn.
Dank für die Kugel – bin schon weg.

Frosch

Ich merk's,
doch ich komm nicht so leicht vom Fleck.
Verflixt,
die Sonne steht schon im Zenit,
doch meine Flöte, die muss mit.
He,
warte doch,
lauf nicht so schnell,
ich bin doch kein Sprinter, werte Mamsell!

Brunnen

Den Bewohner bin ich los
und die Erleichterung ist groß.
Doch quillt aus meiner alten Mauer

ein dicker Tropfen voll von Trauer.
Ich werd den Kerl doch nicht vermissen,
der in mein Wasser reingeschissen?
Die Träne hier ist der Beweis:
Ich bin ein rührseliger Greis.
Naja, ich werd jetzt saubermachen,
mein Reich in Hinkunft streng bewachen,
und sag zu mir: „He, altes Haus,
sei doch froh, der Frosch ist raus!"

Frosch

Das Schloss … wo ist's …
… es ist noch ferne …
ich stolpre, keuche, sehe Sterne,
spring drauflos,
schon atemlos …
ich geb nicht auf, bin gleich am Tor
bevor ich alle Kraft verlor …

Speisesaal, erste Etage,
vor der Türe steht ein Page,
ich sage keck: „Geh weg",
klopfe dreimal an die Tür,
ruf: „Königstochter, ich bin hier,

bin an der Tür, will meinen Lohn!“
Von drinnen hört man keinen Ton.
Da ruf ich wieder: „Königstochter, lasst mich
rein,
ich will Euer Tischherr sein!“

Zweite Szene
Im Schloss

König

Was soll der Lärm im Korridor,
ein Disput dringt an mein Ohr.
Bin beim Speisen grob gestört,
mich deucht, ich hab mich nicht verhört.
Und mag es selbst der Kanzler sein,
bitt ich ihn nicht zu mir herein.
Vom ersten bis zum letzten Bissen
will ich von Politik nichts wissen!
An diesem sehr privaten Orte
freu’n wir uns jetzt auf lecker Torte.

Königstochter

So ist's richtig, liebster Dad,
regieren soll dein Kabinett!
Ich werd nur an der Tür was klären,
es scheint, da will sich wer beschweren.

König

Gundi, meine liebe Frau,
was sagst du, du bist doch schlau?

Königin

Ich warte ab und rede später,
sag vorerst nichts, cher Monsieur Peter
und gönne mir einen guten Tropfen,
schon schäumt im Glas belgischer Hopfen.

König

Wer war's, sag an mein Kind,
wer wollte denn Beschwerde führen?

Königstochter

Ach Dad, ein Frosch war's,
den muss man ignorieren.

König

Was sagst du da – ein Frosch?

Königstochter

Ja, doch hab die Störung ich behoben
und hab den Frosch hinausgeschoben.

Frosch

He!
Die Abschiebung ist nicht gelungen,
hab mit dem Türsteher gerungen.
Ein Frosch bin ich, das ist korrekt,
ersuche höflichst um Respekt,
denn: Eure Tochter lud mich ein!

Königin

Verblüfft sind wir …

König

… du ludst ihn ein?

Königstochter

Ach ja,
weil er mir heut Früh um achte
sachte meine goldne Kugel brachte.

König

Aha, soso, naja, mein Täubchen, ich verstehe,
es zog dich in des Gärtners Nähe.
Wolltest den ranken Steffen
wieder an dem Brunnen treffen …

Königin

… da fiel die Kugel dir hinein,
der Frosch sprang rettend hinterdrein!

Frosch

Genauso war es, Majestät.

Königin

Mein Kind, jetzt werde ich ungehalten,
was man verspricht, das muss man halten!
Zwar hast du recht,
der Frosch riecht schlecht,
doch hast du ihn zu Tisch gebeten
als du warst in großen Nöten.

König

Jetzt bitte ihn an deine Seite,
gib ihm ein fürstliches Geleite!

Königstochter

Mir springt das Krönchen gleich vom Kopf,
geleiten soll ich diesen Tropf?
Rauf auf den Tisch, eklige Kröte
und tröte herum auf deiner Flöte.

Frosch

So glatt mein Fräulein geht das nicht,
man muss auch tun was man verspricht!
Mir ist nicht nach frohem Spiel,
ich verfolg ein andres Ziel:
goldne Teller im Gedeck,
golden sei auch das Besteck!
Genau wie Ihr möcht ich es haben
und mich an Eurer Tafel laben.
Auch würd ich gern mit breiten Lippen
von Eurem zarten Gläschen nippen.

Königstochter

Vater, Mutter, helft mir doch,
zurück mit ihm ins Brunnenloch!

König

Was du da sprichst …

Königin

… macht uns nicht froh …

König und Königin

… antworten wir unisono.

Königin

Der dich befreit von Sorgenlast …

König

… behandle ihn als deinen Gast!

Königstochter

Verdrießt's mich auch, ich muss mich fügen!

Frosch

Soll ich mich tröstend an Euch schmiegen?

Königin

Es klopft schon wieder an der Tür …

König

… wer ist's?

Königstochter

Ach Steffen, du bist hier!

Gärtner

Ich bringe ein Geschenk für die Dame auf dem Thron,
leider bin ich nicht ihr Sohn.
Erdbeeren aus Eigenbau
reiche ich der Hohen Frau.
Saftig, reife, rote Beeren
möchte ich Majestät verehren!

Königin

Steffen, ranker Knabe,
ich danke dir für deine Gabe
und wenn ich sie heut Nacht verzehre,
gedenke ich deiner bei jeder Beere.

Gärtner

Euer Wort hat mich entzückt,
ich kehre zurück, zutiefst beglückt.

Königstochter

Leider brachte er nichts für mich,
das schmerzt mich außerordentlich.

König

Also bitte, liebe Gundi,
das war hoffentlich Geplänkel.
Ein Bub, so jung, beinah dein Enkel!

Königin

Wo denkst du hin, ich scherze nur,
hab's gern, macht einer mir die Cour.
Nur dich, mon cher, dich liebe ich
seit Jahren unveränderlich.
Die wahre Liebe, mon cher Peter,
so es sie gibt, die zeigt sich später.

König

Darüber ließe sich meditieren …

Königin

Lasst uns stattdessen musizieren!
Der Gast stimm an den ersten Ton,
ich folg auf dem Akkordeon,
Gretchen eilt zum Xylophon,
cher Peter bläst das Bombardon.

Frosch

Madame, Madame, o haltet ein,
was Ihr Euch wünscht, es kann nicht sein!
Ein Blick auf meinen Chronometer
zeigt mir, musizieren könnt ich später.
Im Augenblick bin ich aufs Essen
mit Eurer Tochter ganz versessen.

Königin

Pardon, pardon, vergaß ich's fast,
Ihr seid ja meiner Tochter Gast.

Frosch

Ihr Gast bei Tisch,
charmant und frisch.
Bin ich gelabt mit feinen Speisen
soll Gretchen mir einen Dienst erweisen.
Und merkt, der Frosch kann nicht nur quaken,
liegt sie mit mir erst zwischen den Laken.

Königin

Viel habt Ihr vor,
teurer Señor!

Königstochter

Da krieg ich ja die Krise,
raus mit dir heißt die Devise!
Werf dich sonst in heißes Fett,
frittiert kommst du mir nicht ins Bett.

Frosch

Halt mal die Luft an, freche Göre,
heut morgen sagtest du: ich schwöre,
was du dir wünscht ist schon erfüllt,
und jetzt, jetzt hättest du mich gegrillt?

Königin

Aber Gretchen,
mein Mädchen,
ich denke du bist irr.
Hol jetzt das Kaffeegeschirr,
heb auf den Gast, tu ihm nicht weh …

König und Königin

… sei einmal nur ein sanftes Reh!!

König

Setz ihn locker auf den Hocker
und reiche ihm ein Tässchen Mokka.

Königstochter

Das wär das Letzte was ich täte,
lasst mich in Ruh mit dieser Kröte.
Werd den Charmeur hier sitzen lassen,
bei euch und euren Kaffeetassen.
Verzieh mich in mein Boudoir,
bin morgen wieder ansprechbar.

Frosch

Vortrefflich dünkt mich der Entschluss,
ein Schläfchen wird auch mich erquicken.
Reicht Euer Händchen mir zum Kuss
und lasst's mich an die Lippen drücken!

Königstochter

Vater, Mutter, mir wird übel,
spei in den Champagnerkübel.
Dir Frosch, sag ich: Hau ab,
sonst wird der Kübel hier dein Grab!

König

Du, Gretchen, solltest dich was schämen,
den Frosch, den musst du mit dir nehmen.

Königin

Was du versprachst in großer Not,
das musst du halten, sapperlot!

Frosch

Wohl gesprochen Majestäten!
Dieser Rüffel war vonnöten.

Königstochter

Du sei still, hast keine Ahnung,
bin voll genervt von dieser Mahnung.
Ich nehm dich mit, was bleibt mir über,
ein schmucker Prinz, der wär mir lieber!

Frosch

Nanu?
Prinzesschen, wollt Ihr etwa flieh'n?
Ich hock zwar noch im Mezzanin,
Doch meine Sprungkraft ist enorm,
befind mich heut in Superform!

Plitsch, platsch, saus ich hinterdrein
und hol Euch, Fräulein, spielend ein.

Dritte Szene
Im Schlafgemach

Frosch

Schon sind wir zwei im Schlafgemach,
mein Atem pfeift, ich fühl mich schwach.
Die Schenkel zittern nach dem Sprint.
Seht mich nur an, mein schönes Kind:
Hier steht vor Euch in grünem Staat
der Prinz und Heiratskandidat!

Königstochter

Ekliger Narr, ich rate dir,
halt dich weit entfernt von mir;
ein Mucks und du klebst kurzerhand
als Abziehbild dort an der Wand!

Frosch

Oho, aha, my dream comes true,
o Liebchen, schmeißt mich immerzu!
Nur einen kleinen Kuss in Ehren
mögt Ihr mir vorher nicht verwehren.
Erfüllt hätt sich mein größtes Glück,
ließ die Froschhaut gern zurück!

Königstochter

Was du da quakst ist mir zuwider!
Erholung brauchen meine Glieder,
leg mich jetzt zur Ruhe nieder …

Frosch

… und ich dazu,
auch ich brauch Ruh.
Schmieg mich an Euch,
o, seid ihr weich.
Ihr drückt mich heftig, meine Gute,
mir wird schon schwummerlich zumute …
… bevor mir gar die Sinne schwinden,
muss ich Euer Mündchen finden
und drück euch einen langen Kuss
auf die Lippen
mit Genuss.

Königstochter

Igitt, feuchtkalte Lippen, welch ein Graus,
das war zu viel,
jetzt fliegst du raus!!!

(wirft den Frosch gegen die Wand)

Eins, zwei, drei, vier, fünf, sechs, sieben,
wo ist denn der Frosch geblieben?
Ich weiß nicht, wie es geschah,
plötzlich ist er nicht mehr da!

Erleichtert tanz ich durch das Zimmer,
hör sein blödes Quaken nimmer.
Doch halt – ich sehe ein schwaches Schemen –
am End ein Mann?
Soll ich den nehmen?

Ein Mann steht da im dunklen Eck,
im dunklen Eck – zu welchem Zweck?
Zu welchem Zwecke
stellt sich ein Mann dort in die Ecke?
Nur Mut,
ich werd ihn einfach fragen:
Mein Herr,
habt ihr mir nichts zu sagen?

Prinz

Doch, doch, Ihr kennt mich nicht mehr wieder,
Seht, die Froschhaut leg ich vor Euch nieder.
Amphib war ich für lange Zeit,
doch Euer Kuss hat mich befreit!
Eine Hexe hat mich einst verwandelt,
drum hab ich mit Euch angebandelt.
Hätte ich Euch nicht geküsst, ma chère,
hüpft ich als Frosch noch hin und her.
Quakend hockte ich im Bronnen,
alle Hoffnung schier zerronnen,
da fing ich Eure Kugel auf,
so nahm das Schicksal seinen Lauf!

Königstochter

Moment mal, das ist ja ein Ding,
Ihr seid der, der die Kugel fing?

Prinz

Genauso ist es, schönes Gretchen.
Ihr wart fürwahr kein nettes Mädchen!
Wolltet was Ihr verspracht nicht halten,
vielmehr mich kalten Blutes ausschalten.

Königstochter

Naja, das ist jetzt etwas peinlich,
doch bitte werdet bloß nicht kleinlich!
Ihr steht vor mir als Prinz, als Mann,
selbst Eure Krone ist noch dran.
Verfasst vielleicht gar Poesie?
Mon Dieu,
ich fühl, ich kriege weiche Knie.
Zack!
Ein kleiner Pfeil hat mich durchbohrt,
der Liebesgott in mir rumort.
Da steh ich nun, ich arme Gredel,
ein durch und durch verliebtes Mädel!
Amors Pfeil hat mich getroffen,
darf ich auf Gegenliebe hoffen?
Möcht mich mit Euch, mein Prinz, verknüpfen
und unter Euren Harnisch schlüpfen.

Prinz

Das, Prinzesschen, tät mich freuen,
doch zuerst müsst Ihr bereuen,
dass Ihr mich so schnöd behandelt
als ich mit Euch angebandelt!
Bringt mir zur Buße nun ein Ständchen,
dann halt ich an um Euer Händchen.

Königstochter

Ein Ständchen, ei das ist echt schwer,
wo nehme ich rasch ein Liedchen her?
Ich hab's: sing' Euch das kleine Lied,
das oft mich zu dem Brunnen trieb:

(Singt wieder nach der Melodie von „Am Brunnen vor dem Tore…")

Am Brunnenrand ein Mädchen
Sehr artig, fromm und schlicht
Dreht eine goldne Kugel
Die glänzt im Morgenlicht.
Sie fällt ihr in den Brunnen
O welch ein Missgeschick
Der Frosch ist nachgesprungen
Und brachte sie ihr zurück
Der Frosch brachte sie zurück.

Prinz

Das Liedchen hat mich tief bewegt,
mich zum Handeln angeregt.
Nehmt diesen Ring, ein Familienerbstück,
wer ihn auch trug, dem brachte er Glück.
Zu Euren Eltern eile ich fort,
ich such sie am bewussten Ort.

Dort halt ich an um Eure Hand,
bald schon sind wir nah verwandt!

Königstochter

Prinz, Euer Tempo ist rasant,
ich such mir schon das Brautgewand.
Muss heute alles selber machen,
die Zofe streikt, der alte Drachen.

EPILOG
IN DER KUTSCHE

Heinrich

An dieser Stelle
hat die Geschichte eine Delle:
Heinrich der Treue betritt die Szene,
im dunklen Haar manch graue Strähne.
Gleich setzt er an zum Monolog –
der Kenner merkt's –
ein Epilog.

(singt nach der Melodie „Als ich noch Prinz war von Arkadien …" aus „Orpheus in der Unterwelt" von Jacques Offenbach)

Der Kronprinz ist mir lieb und teuer
Seit er das Licht der Welt erblickt
Ich bin sein Diener, sein Getreuer
Hab seine Hosen oft geflickt.
Doch über Nacht naht das Verhängnis
Und des Lebens Freud erlosch
Wir spielen lang schon nicht mehr Tennis
Denn mein Herr er ward zum Frosch!
Ein Frosch als Kronprinz von Armanien
Ein Frosch als Kronprinz von Armanien
Oje, oje, wie tut das weh,
Wie tut das weh!

Habe nun ach, genug gesungen
und um Fassung hart gerungen.
Vor Kummer ist mein Herze schwer,
die Augen trocken, tränenleer.
Drei Eisenring um meine Brust
umspannen mich seit dem Verlust.
Trostlos der Blick durchs Kutschenfenster,

zeigt sich ein Geist,
seh ich Gespenster?

Es ist der Prinz,
ist nicht mehr Frosch,
der Bann der bösen Hex erlosch!
Führt an der Hand ein schönes Mädchen,
etwa die Königstochter Gretchen?
Menschen jauchzen, tanzen, singen,
jubelnde Fanfaren klingen.

Sie trägt ein prächtiges Hochzeitskleid,
ei potz, er hat um sie gefreit!
Und ein paar Schritte später
sieht man Frau Gundi und cher Peter,
das Schwiegerpaar in Samt und Seide
Hand in Hand – o welche Freude!
Sie wollen alle in die Kutsche,
es wird Zeit, dass ich zur Seite rutsche.

(singt wie zuvor)

Schon starten wir zur Hochzeitsreise
Sechs Schimmel hab ich angespannt.

Der Prinz singt laut, ich singe leise
Ich bin ja nur sein Adjutant.
Da kracht es laut, alle erschrecken
Der Prinz ruft: „Heinrich, der Wagen bricht!"
„Mein Prinz, ich muss Euch was entdecken
Es brach ein Ring, der Wagen nicht!
Drei Eisenringe um mein Herze
Sie schützten mich in meinem Schmerze
Grandios, grandios
Die bin ich los
Die bin ich los!"

Das ist der Schluss ihr lieben Leute,
und weil wir nicht gestorben sind,
drum leben wir noch heute.

Rumpelstilzchen

Magischer Cocktail

Einst war ich mächtig, fett und gemein,
XXL-Größen war'n mir zu klein,
prasste und prahlte über die Maßen,
genoss es, wenn Schleimer mir aus der Hand fraßen,
machte in Öl, Diamanten und Holz,
Villen und Yachten waren mein Stolz.
Konnte mich den Gerichten entziehn,
wenn's eng wurd, mit dem Privatjet entfliehn.
War an der Spitze der Oligarchen,
Geheimdienste weltweit belauschten mein
Schnarchen.
Aufsichtsratssitzungen auf meiner Yacht
hab ich geplant und streng überwacht.
Kurzum ich war ein großer Boss,
zudem eines Genexperten Spross,
dem sagt ich kürzlich: *„Paps, sieh mich nur an,*
an mir ist deutlich zu viel dran,
mach mich wieder schlank und rank,
mach es schnell, hab tausend Dank!"
„Gern will ich dich restaurieren", sprach Paps,
„ich könnt sogar, willst du's riskieren,

dich zwiegestaltig programmieren.
Wärst des tags ein schlanker Boss,
wärst nachts ein Wicht fünf Spannen groß.
Ein Wicht, der Teufeleien begeht,
sich auf Hexereien versteht.
Wär das ein Deal, mein lieber Sohn,
vertrau mir, ich versteh etwas davon!"
„Hab Bodystyling stets versäumt,
von Zauberkräften nur geträumt.
Dein Vorschlag Paps törnt mich echt an,
der ist voll cool – mein lieber Schwan!
Doch sag, ich will mich später nicht beschweren,
kannst du bei deinem Leben schwören,
dass du dich bestimmt nicht irrest,
die Essenzen nicht verwirrest?"
„Ach Bub, lass deine Sorgen sein,
setz dich jetzt in den Sessel rein,
schließ die Augen, lass dich fallen!
Kurzzeitig wirst du etwas lallen,
doch nach der ersten Wichtelnacht
merkst du: Die Rochade geht ganz sacht."
„Ich bitt dich Paps, sei konzentriert,
beschissen wär's, wenn was passiert!"
„Ich sagte schon: Vergiss die Sorgen

und freu' dich auf den nächsten Morgen!
Um Mitternacht ein Schlückchen Saft,
bist dann ein Wicht mit Zauberkraft.
Um sechs Uhr früh 'ne rosa Pille,
bist wieder Boss mit Ray-Ban-Brille!"

Böse Wendung

Der Morgen kam, ich nahm die Pille,
doch ward ich nicht zum Boss mit Brille!
Durch einen Fehler meines Pas
hab ich grad noch Mindestmaß.
Ein Wicht bin ich, werd nicht mehr wachsen,
ein schlechter Scherz mit krummen Haxen!
„Na warte Paps, wenn ich dich kriege
verwandle ich dich in eine Ziege,
dann meckerst du, hast gelbe Augen
die nur zum Kräutersuchen taugen!
Revanchiere mich für deinen Saft
mittels Wichtels Zauberkraft.
Das wär mir Satisfaktion!

Es grüßt dein deformierter Sohn.“
Deformiert ist nicht nur die Gestalt,
nein, auch die Psyche: böse, kalt!
Eine teuflisch fremde Lust
erfüllt allmählich meine Brust.
Freue mich an üblen Dingen,
die mir als Wicht ganz leicht gelingen.
Es zieht mich hin zu finstren Taten,
bin, scheint's, ein echter Satansbraten!

Trachte wo es geht zu schaden,
fühl mich niemals schuldbeladen.
Biet erst meine Hilfe an,
knüpf eine Bedingung dran.
Die Menschen, die in großer Not,
ergreifen jedes Angebot.
Sie achten nicht drauf was ich sage,
verstehn die Abmachung nur vage.
Komm ich zurück auf den Kontrakt,
heißt's „*mir scheint du bist beknackt!*“
„*Bin nicht beknackt, der Pakt ist echt.*“
Von da an geht es ihnen schlecht.
Seh ich wie sie sich drehn und winden,
verzweifeln, keinen Ausweg finden,

frohlocke ich, tanze und springe,
zieh immer fester zu die Schlinge,
bis sie sich nicht mehr bewegen,
trostlos auch ihr Liebstes geben.
Dann sing ich, jodle, bin ganz happy,
werf in die Luft mein Wichtelkäppi!
Als Wicht bin ich auch Alchimist:
ein Goldgewinnungsspezialist.
An allen Orten höchst willkommen,
na klar, man will was abbekommen.
Und leiden sie auch keine Not,
sind sie doch gierig und devot!

So führt im Dom ein Monsignore
mich unverzüglich zum Tresore.
Zeigt mir den geheimen Schatz,
ein bisschen Gold hätt noch gut Platz!
„Da lässt sich schon was machen,
ich könnt den Schatz vertausendfachen.“
„So geht ans Werk, verehrter Herr,
und schaffet Gold und Silber her!“
„Wird gleich geschehen, frommer Mann,
was bietet Ihr mir dafür an?“
„Ach so, Ihr macht es nicht um Gotteslohn?“

„I wo, ich möcht 'ne Provision:
Vom heiligen Kreuz ein kleiner Splitter
wär mir recht, Herr Ordensritter."
„Heilig Splitter ohne Makel
hüten wir im Tabernakel.
Direktimport aus Bethlehem
löst bequem im Handumdrehn
jedes Reliquienproblem."
Schon hab ich ihn am Angelhaken,
ihm hilft kein Bitten, hilft kein Quaken!
Welch jämmerliche Position,
wie es ausgeht wisst ihr schon.

Erste Nacht

Wandelnd unter zarten Birken
schwärme ich von düsterem Wirken …
… doch still: Ich hör ein leises Wimmern,
seh dort im Schloss ein Lichtlein schimmern.
Ich schau mal nach wer da so greint,
es ist die Müllerstochter, wie mir scheint.

Gehüllt in einen Kimono
sitzt sie vor einem Haufen Stroh,
rauft verzweifelt ihre Locken
und starrt – auf einen Spinnrocken?
Merkwürdiges Szenario …
wieso ist das Zimmer voller Stroh?
Stroh am Boden, in jeder Ecke,
nichts als Stroh – zu welchem Zwecke?
Sie dauert mich, ich möcht sie fragen,
„Mademoiselle, weshalb das Klagen?“
Da fällt mir ein, ich bin ja klein!
Erschrickt sie? Fängt sie an zu schrein?
Doch nein, kaum sieht sie mich
meint sie: *„He Kleiner, du bist wunderlich!“*
Schnäuzt sich laut, lächelt mich an,
ist irre schön, mein lieber Mann.

Es freut mich, dass sie nicht erschrickt,
sondern mir ruhig ins Auge blickt.
Drum frag ich sie: *„Weshalb das Klagen?“*
„So einfach lässt sich das nicht sagen…
Mein Vater, dieser faule Sack,
lieh sich einmal einen Frack,
der war zu eng ihm und zu kurz,

sah besser aus im Lendenschurz!
Von seinem Plan zu mir kein Wort,
eilt er zum Königshofe fort,
erzählte dort der Majestät
von seiner Tochter, die sich auf's Spinnen versteht.
Sie spinne nicht nur feinstes Linnen,
kann vielmehr Stroh zu Gold verspinnen.

Der König sitzt auf goldnem Throne,
sein Haupt bedrückt die goldne Krone.
In goldnes Tuch gehüllt, er schwitzt,
das viele Gold ihn stark erhitzt.
Er glüht vor Gier als er das hört,
ein Probespinnen er begehrt.
Man brachte mich in diese Kammer,
da sitz ich nun in meinem Jammer,
ängstlich, verzagt und fast von Sinnen,
weiß ich doch nicht wie es beginnen!!!
Hab ich's zur Frühe nicht vollbracht,
werde ich – zack – umgebracht!"

„Und Euer Vater,
was tat er?"
„Mein Vater macht sich aus dem Staub,

für meine Klagen war er taub.“
„Euer Vater bracht Euch ohne Frage
in eine höchst prekäre Lage.
Es zeigt sich wieder, manche Väter
sind ausgemachte Übeltäter!
Mein Pa, berühmt als Chromosomvermesser,
zudem auch Alchemieprofessor,
tat, obwohl er so gescheit,
mir das an, was ihn jetzt reut:
In seinem Laboratorium
mixte er zu viel herum,
gab mir Saft und Wunderpille,
trug leider nicht die richtige Brille
und bracht mich so in diese Form
abseits jeder Körpernorm.
Doch wenn’s mir auch an Größe fehlt,
die Zauberkraft alleine zählt!“
„Ihr könnt zaubern munterer Zwerg?
Ist das Eures Vaters Werk?“
„Ja doch, so ist’s! Er gab mir diesen Saft,
daher meine Zauberkraft!“

Schon kommt wieder böses Streben
in meinem Rückenmark zum Leben.

Die Lust zu schaden meldet sich,
das Mädchen jedoch dauert mich.

„Ich kann das Stroh zu Gold Euch spinnen,
Schönste aller Spinnerinnen,
doch müsst Ihr mir dafür was geben,
schließlich rett ich Euch das Leben.
Gebt Ihr mir nicht was mir gebührt,
bleibt das Stroh halt unberührt.“
„Ich hab’ nicht viel, oh guter Mann,
hier Mutters Ring, steckt ihn Euch an.“
„Der Ring ist wirklich allerliebst,
vergelt’s Gott, dass Du ihn mir gibst.
Schon setz’ ich mich zum Spinnrocken,
mach aus dem Stroh ’nen goldnen Brocken.“
„Es haut mich um, wie flink Ihr spinnt,
dabei Gold aus Stroh gewinnt.
Dass ich Euch traf, o welch ein Glück,
zur Mühle kehr ich froh zurück.“
„Freut Euch lieber nicht zu früh:
Die Gier nach Gold vergehet nie!
Und klopf ich demnächst mal ans Tor,
hoff ich, ich finde Euch nicht vor!“

Unruhe

Die Lerche sang die Nacht zu Ende,
ich verließ das Schlossgelände.
Verwirrt war ich, was mich verdross,
verdammt, was ist bloß mit mir los?
Mal war mir heiß, mal war mir kalt,
so eilt ich tiefer in den Wald.
Erreicht mit Müh' mein Domizil,
dort ist es kühl – Gott war mir schwül!

Hab als Nachbarn einen Köhler,
er kocht für mich, das ist kein Fehler,
auch hält er mir das Stübchen warm.
Vorzeiten noch als Feldgendarm,
folgt er einem inneren Ruf,
ward fortan Köhler von Beruf.
Nie fragt er danach was ich mache,
selbst wenn ich noch so boshaft lache.
Ist schweigsam, bärtig im Gesicht,
schreibt ab und an mal ein Gedicht.
Als er mich sah, wusst er Bescheid:
„Mein lieber Freund, Du tust mir leid.

Ein Schluck von dieser Medizin
dämpft deine krausen Phantasien.“
Ich lag im Bett, fand keine Ruh,
dacht an die Spinnerin immerzu
und beschloss zu ihr zu gehen
am nächsten Abend zehn vor Zehn.

Zweite Nacht

Da bin ich nun, ich bin beim Schloss,
erspähe Licht im Erdgeschoss,
erspähe auch die Spinnerin:
Wehe, Tränen tropfen ihr vom Kinn!
Sie sitzt in einem großen Zimmer,
hat vom Spinnen keinen Schimmer!
Die Kammer gestern war voll Stroh,
das Zimmer heute ebenso.
So hat die Gier nach Gold gesiegt,
der König hat sich nicht begnügt.

Ein Kribbeln fühle ich im Rücken,
mir scheint, die Bosheitsnerven zwicken!

Soll ich sie im Unglück lassen,
mich nicht mehr mit der Maid befassen?
Jedoch sie dauert mich, das ist mir neu –
wie bleib ich meiner Bosheit treu?

Ich fasse mich, ich trete ein,
sie sieht mich, lässt das Weinen sein.
„O kleiner Mann helft mir erneut!
Der König, wiewohl hocherfreut,
wusst auch den Brocken Gold zu schätzen,
doch mit wachsendem Entsetzen
merkt ich, er will noch mehr davon.
Die Gier nach Gold, Ihr wusstet's schon!
Ich soll das Stroh zu Gold verspinnen
will dem Tode ich entrinnen.
Es sei beim ersten Hahnenkrähn
nur Gold, kein bisschen Stroh zu seh'n!
Schaff ich es nicht, naht mein Verderben,
durchs Hackebeil muss ich dann sterben."
„Ich helf' Euch gerne, schöne Maid,
die Linden blüh'n, s'ist Maienzeit.
Habt Ihr auch ein Geschenk bereit,
ist's zum Golde nicht mehr weit."
„Ein Geschenk gäb ich Euch gerne,

pflückt Euch vom Himmel Mond und Sterne,
doch meine Lage ist echt trist,
ich bin sehr arm, wie Ihr ja wisst.
Um den Hals dies Perlenband,
die Mutter bracht es aus Samarkand:
Nehmt es als bescheidne Gabe,
es ist das Letzte was ich habe."

„Ein feiner Tand den Ihr mir gebt.
Schon wird das Stroh zu Gold gewebt!
Gönnt Euch nun ein wenig Ruh,
gern deckt ich Euch im Bettchen zu,
doch muss ich noch das Gold gewinnen,
hernach mach ich mich still von hinnen."
„Ich leg mich nieder ohne Säumen
und werd gewiss was Schönes träumen!"

Steigende Unruhe

Schon schlief sie auf dem Strohsack ein,
ich spann das Gold und ging dann heim.

Dort saß der Köhler, strickte Socken.
„Dir geht's beschissen", meint er trocken.
„Ich weiß genau was mit dir los is',
schluck Medizin in höchster Dosis!"

Der Saft brachte mir keine Ruh,
dacht an das Mädel immerzu
und beschloss wieder zu ihr zu gehen
am nächsten Abend neun Uhr zehn.

DRITTE NACHT

Da bin ich wieder und seh in einem Riesensaal
die Spinnerin in großer Qual.
Auch diesmal alles voller Stroh,
seit vorgestern der Status quo.
Lass ich die Maid noch länger weinen,
meine Bosheit wieder keimen?
Nein! Ihr Leiden greift ans Herz,
lindern muss ich ihren Schmerz.

Bin schon bei ihr:
„Mein Fräulein hört, verzaget nicht,
es ist der Helferswicht, der zu Euch spricht!“
„Ach lieber Freund, wie recht war Eure Prophetie,
des Königs Goldgier endet nie!
Spinnt Ihr das Stroh im Saal zu Gold,
würde ich Königin und er wär mir hold.
Zwar finde ich den Mann echt gräulich,
doch auch zu sterben ist abscheulich!
Ob er sein Versprechen hält,
am Ende noch mehr Gold bestellt?
Da kommen mir schon langsam Zweifel,
ich stehe zwischen Tod und Teufel.
Gewiss werd ich das Leben wählen,
muss mich dann durch die Ehe quälen!
Am Goldfaden hängt mein Leben dran,
helft mir noch einmal, kleiner Mann.
Setzt Euch erneut ans Spinnrädchen,
bewahrt vor Verderben das Müllermädchen!“
„Ich helf’ Euch gerne wie Ihr wisst,
ich kann’s, denn ich bin Alchimist.
Doch müsst Ihr mir dafür was schenken,
das bitte ich Euch zu bedenken!“
„Ich hab nichts mehr, nichts mehr zu geben,

vertan ist wohl mein junges Leben.
Kurz war es und voller Not,
freudlos, seit die Mutter tot.
Wär ich doch schon längst gestorben,
graute mir nicht vorm nächsten Morgen!"

Ich flipp gleich aus, kann's nicht erklärn,
hab ich das Mädel etwa gern?
Reicht sie dem König gar die Hand,
bringt mich das um den Verstand!
Mein Blut wallt auf, mein Herz schlägt schnell,
fordre den König zum Duell!
Mal möchte ich schaden, dann wieder nützen,
verdammt nochmal, ich komm ins Schwitzen!
Und wenn sie mir nichts mehr geben kann,
was mach ich dann, was mach ich dann?
Sie hat nichts mehr das arme Mädel …
… ha, da wird's hell in meinem Schädel!
Ein Kind! Und sei es auch nicht von mir,
dann hätte ich etwas ganz von ihr!
Lebte mit ihm in meiner Hütte
Im dunklen Tann, in Waldes Mitte.
„Schönes Kind, was nützt das Klagen,
hört zu, ich hätt was vorzuschlagen:

Schenkt mir Euer erstes Kind,
so spinne ich das Gold geschwind.“
„Hab von der Ehe keine Ahnung,
geschweige von Familienplanung.
Unfassbar scheint mir was Ihr wollt,
ein Kind für einen Haufen Gold?
Jedoch: Der Tod ist nah, das Kind noch weit,
zum Nachdenken fehlt’s an der Zeit,
so sag ich ‚ja‘ in meiner Not,
werd Königin und werd nicht tot!“

Intermezzo

Sie ging und ich begann zu spinnen,
bereute fast mein Ansinnen.
Da stand sie plötzlich in der Tür,
sprach: *„Ich kehre zurück zu dir,*
fühl mich seltsam dir verbunden,
bis zum Morgen sind’s noch Stunden.
War verloren in meiner Kammer,
blickte auf meines Lebens Jammer,

weinte und klagte in mein Kissen …
… wie man dich nennt möchte ich wissen!"

Den Namen nennen wollt ich nicht,
blickt ihr nur zärtlich ins Gesicht,
strich ihr übers goldene Haar.
Sie seufzt: „*Und morgen geht's zum Traualtar.*"
„*Denk nicht an morgen, denk an jetzt,*
noch ist das Gras nicht taubenetzt!"
Im Riesensaal warn wir zu zweit,
bald ruhte auch die Goldarbeit
und als der Hahn begann zu krähn
hauchte sie „*Auf Wiedersehn.*"

Hab augenblicklich sie vermisst,
hätte sie gern nochmal geküsst.
Verzaubert, aber doch allein
spann ich das Gold und ging dann heim.

Rückzug

Der Köhler meinte bloß lakonisch
„Hör zu, ich mein es nicht ironisch:
Schlag dir die Königin aus dem Kopf,
du lebst im Elend, armer Tropf.
Verloren hast du diese Schlacht,
da hilft dir keine Zauberkraft!“
Dann bemerkte er noch trocken
„Zum Frühstück gibt es Haferflocken.“

Der König, diese faule Sau,
der König nahm sie nun zur Frau.
Hatte Gold fürs ganze Leben,
konnt sich dem Müßiggang hingeben.
Gekrönten Haupts, wie es versprochen,
ging es in die Flitterwochen
und nach kurzem ward es klar,
dass sie guter Hoffnung war.
Erst konnt ich die Nachricht gar nicht fassen,
das Kind dem König überlassen!
War eifersüchtig, unglückselig,
mich zog's zu ihr unwiderstehlich.

Da kam mir plötzlich die Idee,
ich mach ’nen Job in ihrer Näh!
Was ich jetzt tat macht mich echt stolz:
Ich lieferte dem König Holz!
Als Holzknecht ging ich aus und ein,
selbst bei Nacht ließ man mich rein.
So konnte ich die Frau beschatten,
war bloß ein Holzknecht ihres Gatten.
Schlich durchs Schloss bei Tag und Nacht,
bis sie das Kind zu Welt gebracht.

Besuch

Bald sucht ich sie auf im Boudoir.
Die Königin, ganz ohne Dienerschar
erschrak zunächst, als sie mich sah …
dann: „*Setz dich doch zu mir ganz nah,*
wo bist du all die Zeit gewesen,
bin eines Kindes grad genesen.“
Das wüßt ich, deshalb käm ich her,
erinnere sie sich denn nicht mehr

was wir einst ausgemacht
in unsrer letzten Goldspinnacht?
Sie schluchzt, fleht mich auf Knien an:
„Am Kindlein hängt mein Leben dran,
nimm's mir nicht weg, sei gütig, Mann!
Sieh' doch wie schön es ist, wie fein,
die Augen könnten deine sein.

Treib deine Forderung nicht auf die Spitze,
ich gebe dir alles, was ich besitze,
und bittest du mich heute drum,
bring ich sogar den König um!"

Die Worte trafen mich ins Herz,
was sie grad sagte, war's ein Scherz?
Und wenn nicht, kann ich es fassen?
Kann ich es geschehen lassen?
Hängt an dieser Frau mein Leben?
Ich muss ihr eine Chance geben!

Rätsel

Meinen Namen sollt sie mir sagen:
An den folgenden drei Tagen
würd ich sie täglich danach fragen.
Wär die Frist vorbei und sie wüsst, wie ich heiße,
sagt ich adieu und verzöge mich leise.
Hört ich nach drei Tagen nur Klagelieder,
nähm ich das Kind und kehrte nicht wieder.
„So selten wird dein Name nicht sein,
er fällt mir gewiss bis morgen ein!“
Am nächsten Abend zeigt sich's klar,
ich hieße nicht Hinz, nicht Kunz, nicht Waldemar.
„Verflixt, das ist zu dumm,
ich schick jetzt Namenssammler rum!“
Gesagt, getan,
die große Suchaktion begann.
Namenssammler kamen auf den Plan,
legten Namenslisten an.
Landauf, landab fragt man die Leute,
kehrte zurück mit reicher Beute,
doch suchte man noch so beflissen,
meinen Namen konnte niemand wissen!

Der zweite Abend, negativ,
die Königin im Stimmungstief.
Ich wusste, es konnte nicht anders sein,
noch ein Tag und das Kind wäre mein!

Ich tanzte und sang vor meiner Hütte,
der Köhler brummt: „*Sei leise bitte,*
deinen Namen halt geheim,
hör auf Rumpelstilz zu schrei'n!
Ich seh, dass du vor Bosheit sprühst,
gleichzeitig in Liebe glühst.
Brüllst du so laut, hört man's im Schloss,
dann bist du dein Geheimnis los."
Doch ich sang weiter wie berauscht,
ahnte nicht, dass ich belauscht!

Der dritte Abend, welche Not,
die Sonne färbt sich dunkelrot.
Mir war klar, der Sieg war mein,
mein auch das Kind, ich trag es heim!
Gleichzeitig tat das Herz mir weh,
sagte ich doch der Frau ade!
Sollt jubeln! Doch mir war beklommen,
hat sie´s am Ende rausbekommen?

Ich trat zu ihr, mir klopft das Herz,
bang war mir vor ihrem Schmerz.
Doch sie grüßt freundlich, ist ganz gelassen,
nicht verzweifelt – ist es zu fassen!
„Lass uns nochmal zusammen speisen,
bald werd ich mit dem Kind verreisen."
„Nicht so schnell, das kann nicht sein,
fiel dir am End mein Name ein?"
„Und ob, mein Freund, den weiß ich schon,
gewisslich heißt du Oberon!"
„Ha, ha, wieder falsch Madame,
ich fang' schon mal zu packen an!"
„Was ich jetzt sag wird dich verstören,
du willst es ganz gewiss nicht hören:
Nächtens als der Wind gerauscht,
hat ein Namenssammler dich belauscht,
als du laut sangst vor deiner Hütte
im dunklen Tann, in Waldesmitte.

Auch fand ein Käppchen er aus Filz,
drauf fein gestickt stand ‚Rumpelstilz'.
Das ist dein Name, hab ich recht,
Rumpelstilz aus dem Wichtelgeschlecht!"

Zerreißprobe

„Wut schnürt mir die Kehle zu,
ich krächze wie ein Kakadu.
Vernichtet bin ich, bin zerschmettert,
mein Todeswunsch auf Hundert klettert.
Ich raste aus, reiß mich entzwei!
Da – nimm mein Bein – hilf mir dabei!
Reiß nur fest an, gleich ist's vorbei –
der Leib zerstört, die Seele frei!!"

Überraschung

Ein greller Blitz fuhr auf mich nieder,
in Pas Labor fand ich mich wieder.
War wieder Mensch, war nicht mehr Zwerg.
„He Paps, war das am End dein Werk?"

„Vortrefflich hast du kombiniert:
Mein Sohn – kuriert und frisch rasiert!

Die Scharade war durchdacht
von Anfang bis zur letzten Nacht!
Hattest ein Leben dir gewählt,
dem Empathie und Anstand fehlt.
Im Jet Set zogst du um die Welt,
dein Lebensstil hat mich gequält.
Da dacht ich: Diesen Schlendrian
schau ich mir nicht länger an.
Und als du dann kamst mit deiner Bitte
um Reduktion der Leibesmitte,
vollbrachte ich mein Meisterwerk
und machte dich zum schiachen Zwerg!

In Einsamkeit, in tiefstem Wald,
hinkend, böse, missgestalt,
solltest du von nun an leben,
deinen Zustand überlegen,
bis dir etwas widerfährt,
das dein böses Trachten stört.
Behielt dich im Auge dort als Köhler,
war schweigsam, war kein Fragesteller.
Bemerkte erfreut, wie du dich quältest,
dich aus den Wichtelschalen schältest.

Die Liebe, die du niemals kanntest,
aus deinem Leben träg verbanntest,
die Liebe, diese Himmelsmacht
hat dich zu dir zurückgebracht,
dank Alchemie und Zauberkraft.
Mein Sohn, ist das nicht fabelhaft!?"
„Dein Plan in Ehren, lieber Paps,
ich war am Rand des Herzkollaps!
Ist das dein neuer Arbeitsstil:
Hart, aber herzlich – nun ja, gleichviel!
Dein Experiment, wenn's eines war, ist voll gelungen,
hast mich zum Nachdenken gezwungen.
Dahin ist meine Zauberkraft,
trotzdem fühl ich mich fabelhaft!"

Was nun

Zwar ist die Lage diffizil,
weiß ich, ob die Frau mich will?
Zieht sie Thron und König vor,
weil sie den Traum vom Glück verlor?

Verzehrt sich nach dem krummen Wicht,
der nicht mehr kommt und mit ihr spricht?

Dem König ohne Lieb im Leibe
ist Gold die einzige Augenweide.
Die Frau erfüllte ihren Zweck,
er merkt es kaum ist sie mal weg!
Und ihr Vater, hört man, treibt sich rum,
vor Kummer ist er krumm und stumm.
Was er der Tochter antat tut ihm leid,
er sauft so viel weil er's bereut.

Ich muss ergründen was mit ihr los ist,
ob ihre Liebe doch so groß ist,
dass sie mit mir nur leben will?
Schlimmstenfalls auch im Exil?

Ich zieh jetzt los mit wackerem Schritt,
nehm alle meine Hoffnung mit,
dass die Liebste nicht erschrickt,
wenn sie mich als Mensch erblickt.
Dass sie mir hold sei wie dem Wicht
und sich mit mir verehelicht!
Wir fühlten vereint uns pudelwohl,

das fände ich echt stimmungsvoll.
Lebten in Liebe allezeit
in grenzenloser Wohnlichkeit
bis in alle Ewigkeit!!!

AMEN

Schneewittchen
Drama in 11 Szenen

Personen:

Königin
Spiegel
Jäger
Reh
Schneewittchen
7 Zwerge
Prinz

1. Szene

Königin

Spieglein, Spieglein an der Wand …

Spiegel

… der Rest des Textes ist bekannt.
Wagt Ihr nochmal ihn auszusprechen,
zögre ich nicht
Euch durchzustechen.
Haltet endlich Euren Mund,
seid froh, noch seid Ihr kerngesund.
Schneewittchen, die Schönste der Nation,
Euch, fürcht ich, schickt man in Pension.
Dior, Versace, Lagerfeld,
haben sich bei ihr angestellt!
Doch sie, in blonder Lockenmähne,
ein Perlenband die weißen Zähne,
gibt lächelnd den Monsieurs Bescheid:
Merci, ich bleib im Blaudruckkleid!

Königin

Das will ich länger nicht ertragen,
mir wächst schon ein Geschwür im Magen.

Der Fratz hat zu oft mich brüskiert,
genug, jetzt wird er abserviert!
He, Jäger!!!

2. Szene

Jäger

Mein Gott, was schreit Ihr denn so laut?
Habt Ihr Verstärker eingebaut?
Ihr ruft: Schon seht ihr mich zur Stell,
was wollt Ihr, altes Fahrgestell?

Königin

Ich befehle dir, weil es vonnöten:
Geh hin und tu Schneewittchen töten!

Jäger

Frau Königin,
Ihr macht wohl Witze?
Treibt Eure Bosheit auf die Spitze?

Königin

O nein!
Da ist noch etwas, was ich will:
Schneewittchens Herz mucksmäuschenstill.
Will es noch heute Nacht verschlingen,
es wird mir ewige Jugend bringen!

Jäger

Verhextes Weib, böse Hetäre,
höre, was ich jetzt Dir schwöre:
das Letzte ist's, du schiacher Drache
was ich voll Abscheu für Dich mache!

Königin

Hör endlich auf mit dem Gewinsel
du jämmerlicher Einfaltspinsel.
Mach deine Arbeit und zwar schnell
und nimm zu Hilfe ein Skalpell!
Fort mit dir!
Ich warte hier.

3. Szene

Jäger

Du liebes Kind, spring fort, nur fort
über 7 Berge zum sicheren Ort,
dorthin wo 7 Zwerge weilen,
zu diesen 7 musst du eilen,
sonst schnappt dich die Königin,
sie hat Böses nur im Sinn!

Schneewittchen

Ich danke dir, du Jägersmann,
zieh' Siebenmeilenstiefel an.
Ein Kuss zum Abschied noch, dann husch
über Wiesen, Felder, Wald und Busch
zu den 7 Wichtelmännchen,
bring jedem Wicht ein Badeschwämmchen …
Adieu, Monsieur …

4. Szene

Jäger

Du sanftes Tier,
ich möcht von Dir …

Reh

… mein Herz, ich weiß.
Drum, für analoge Fälle
ist schon ein Duplikat zur Stelle.
Dort steht's in vitro und schlägt munter,
lauf' nicht zu schnell, sonst fällt's dir runter!

Jäger

Ich danke dir,
du edles Tier!

5. Szene

Jäger

In tiefem Schmerz
bring ich das Herz.

Königin

Das meine jedoch jubiliert,
zur Schönsten werde ich gekürt.
Vorbei sind jene schnöden Qualen,
die Nacht für Nacht den Schlaf mir stahlen.
Dich Weidmann, brauch ich nimmermehr.
Verzieh dich, es naht mein Friseur.

Jäger

Ich geh, Du ekler Höllenbraten,
verkündend Deine Missetaten!

6. Szene

Königin

Spieglein, Spieglein, sag mir schnell,
bin ich jetzt das Topmodell?

Spiegel

Beinah, beinah,
doch Überraschendes geschah:
Schneewittchen weilt im Zwergenland,
geht dort den Zwergen flink zur Hand.

Königin

Dreimal übers Kraut gesprungen,
des Jägers List hat mich bezwungen.
Doch dieser Apfel voll Strychnin
wird das Leben aus ihr zieh’n!
Der Fratz verdirbt mir jeden Spaß,
bin unterm Rouge schon totenblass.
Verkleidet schlicht als Krämerfrau
geh ich zu ihr. Was bin ich schlau!

7. Szene

Krämerfrau

Du schönes Kind, sieh was ich dir bringe:
Die funkelnden Broschen, Ketten, Ringe
in diesem prächtigen Futteral …

Doch dir, scheint mir, ist das egal!
Dir liegt nichts an eitlem Tand,
lebst kreuzfidel im Zwergenland.
So nimm die schlichteste der Gaben:
Diesen Apfel,
er soll dich laben.

Schneewittchen

Ich dank' Euch werte Krämersfrau,
zwar ist der Apfel etwas rau,
doch ist er schön – schmeckt säuerlich …
Huch! Wie wird mir wunderlich!!!
(fällt um)

Königin

Diesmal ist es mir gelungen,
den Fratz hab endlich ich bezwungen!
Werf hämisch lachend mich auf's Ross,
frohlockend reit ich heim ins Schloss.

8. Szene

7 **Zwerge**
(Singen nach der Melodie „Im Frühtau zu Berge …")

Frühmorgens ins Bergwerk wir zieh'n wallera
uns schlottern am Abend die Knie wallera
wir haben uns geschunden
und wieder nichts gefunden
so geht's uns jahraus und jahrein wallera.

Doch was ist zu Haus nur gescheh'n wa-lle-ra
Schneewittchen ist nirgends zu sehn.
Der Zimmer sieben nicht gefegt,
Bidets und Duschen nicht gepflegt.

Vor Schreck will uns der Atem stocken:
Verstreut am Boden unsre Socken
und auf dem Herd kein süßer Brei …
… was denkt sie sich denn nur dabei?

O Schreck, o Graus!
Wie sieht sie aus!
Liegt bleich und still hier am Parkett,
warum nicht in ihrem Bett?
Ein roter Apfel dicht daneben,
den haben wir ihr nicht gegeben!!
Will sie uns am End erschrecken?
Kommt, lasst uns die Schöne wecken.

Sie rührt sich nicht, sie wird nicht munter,
vom Apfel biss sie ein Stück runter.
Sie atmet nicht, so will uns scheinen,
ist mausetot!!!
Ach, lasst uns weinen!!!

Im Tod entspannt die feinen Glieder,
sanft geschlossen ihre Lider,
so wollen wir sie lang noch seh'n,
in einem Glassarg, ach wie schön.

Den stellen wir ins weiche Moos,
wir 7, wir sind fassungslos.
(*legen Schneewittchen in den Sarg*)

9. Szene

7 Zwerge

Brüder, da kommt jemand geritten,
ein Prinz ist's,
das ist unumstritten.
Steigt ab,
kommt her,
blickt in den Sarg,
Ei Potz, es ist der Prinz von Dänemark!

Prinz

Potz Blitz, das ist ein schönes Kind,
ich nehm es mit aufs Schloss geschwind!

7 Zwerge

Herr Prinz, seht ihr's denn nicht:
Das Kind ist tot!
Obzwar, die Wangen sind noch rot …

Prinz

Ob Wangen rot, ob Wangen blass,
von diesem Kind ich nimmer lass!
Hebt auf den Sarg und folgt mir schnell
über die Berge zum Schlosshotel.

7 Zwerge

Lasst schultern uns die süße Last,
lasst tragen sie zur letzten Rast.

Prinz

Passt auf! Da liegt ein großer Stein,
ihr stolpert grad in ihn hinein!

7 Zwerge

Verzeiht, hochwohlgeborner Herr,
das Tragen fällt uns sakrisch schwer.
Vom Schluchzen tausendfach geschüttelt
haben wir auch am Sarg gerüttelt.

Seht nur!
Es springt der Deckel auf.
Seht nur!
Schneewittchen winkt,
sie ist wohlauf!!!

Schneewittchen

Ihr lieben Freunde ist das schön:
Ich kann euch 7 wiedersehn!
Kann eure Zimmer wieder fegen,
euch abends in die Bettchen legen.
Doch vorher, bei meiner Treu,
koch ich den allerbesten Brei!
Der Krämersfrau hab ich getrotzt
und hab den Apfel ausgekotzt.
Im Bogen ist er rausgesprungen,
frische Luft strömt in die Lungen.
Doch sagt: Der Mann dort auf dem Pferd,
wäre er der Mühe wert?

Prinz

Ein Jüngling ist's, bald abgezehrt,
wenn ihr die Liebe ihm verwehrt!

Schneewittchen

Verzeiht mein Herr, seid Ihr ein Prinz?

Prinz

Ihr seht's an meiner Kron, ich bin's
und bitt' Euch hier auf meinen Knien:
Werdet meine Königin!

Schneewittchen

Voll Freude folg ich Euch, mein Prinz,
und sei es weiter noch als Linz.

Prinz

So lasst uns länger nicht verweilen
so schnur wie stracks zur Hochzeit eilen!

Schneewittchen

Ich zieh mit Euch auf Schritt und Tritt,
doch meine Zwerge müssen mit!

10. Szene

Königin

Spiegel pass auf, jetzt kriegst du was zu hören:
Schneewittchen wird mich nie mehr stören.
Hab von dem Fratzen mich befreit,
bin nun die Schönste weit und breit!

Spiegel

Frau Königin, das wärt Ihr gern,
da muss ich kurz Euch was erklärn:
Schneewittchen habt Ihr nicht besiegt,
Euch bloß in Sicherheit gewiegt.
Der Prinz hat sie mit sich geführt
und sie zur Königin gekürt.
Als Schönste und dazu noch Queen,
ziert sie nun jedes Lifestyle-Magazin!

Königin

Verschlagen, verlogen, selbstgerecht,
es schwankt der Boden, mir wird schlecht.
Rot färbt es sich vor meinen Augen,
Schneewittchens Blut will ich aussaugen!

Spiegel

Spart das Wüten Euch, Madame,
vergebens ist's und unwirksam.

Königin

Ich muss zum Schloss, ich muss zum Fest,
dort geb Schneewittchen ich den Rest!

Spiegel

Geht Ihr dorthin, so Seid gewarnt,
im Handumdrehn seid Ihr enttarnt.

Königin

Red du nur zu, du Spiegelbrut,
mein ist die Rache, ist die Wut.
Komm du mir nicht mit öden Sprüchen,
so stumpfsinnig wie hanebüchen.
Ich stürm zum Schloss im Augenblick,
als Siegerin kehr ich zurück!

11. Szene

Jäger

Vor kurzem noch mit dem Gewehr,
schlich nächtens ich im Wald umher.
Doch über Nacht, wer hätt's gedacht,
hab ich's zum Kastellan gebracht.
Kam auf der Karriereleiter
unverhofft drei Sprossen weiter.
Bin nun des Prinzen Saubermann,
bin Muselmann, heiß Christian.
Bewachend streng das Festgetümmel,
nimmt vor mir Reißaus jeder Lümmel.

Verflucht, Pesthauch verbreitet sich im Saal.
Jetzt Freunde, kommt es zum Skandal!
Es ist die Königin, kein Zweifel,
na wart nur, schwefeliger Teufel!

Ihr lebt noch, krause Nebelkrähe,
wagt Euch kühn in meine Nähe?!
Genug von Euren Hexenkünsten
umweht von üblen Höllendünsten!

O Scheusal, wenn ich Euch nur seh,
steigt mir die Galle in die Höh!!!

Königin

Halt's Maul, du aufgeblasener Sack,
trägst seit gestern erst den Frack!
Willst mich nicht sehen, mich nicht grüßen,
die Missachtung sollst du büßen!
Flott unterwegs am Hexenbesen
vermag ich jede Spur zu lesen.
Sei es im Saal, sei's unter Linden,
ich werd das süße Kind schon finden
und dann mit voller Hexenkraft
wird sie aus dem Weg geschafft!
So schaff sie her, denn sie ist hier!!!

Jäger

Moment mal, geifernde Megäre,
Ihr kommt mir nicht mehr in die Quere:
Hab Euch Wichtiges auszurichten
von den 7 kleinen Wichten:
Sie hätten seit geraumer Zeit
ein Präsent für Euch bereit.
Da sind sie schon, die schlauen Kleinen
und schleppen etwas, will mir scheinen.

7 Zwerge

Verehrte, liebe gnädige Frau,
wir sind tatsächlich superschlau
und bringen aus dem Krämerladen
Stiefel mit, für schlanke Waden.
So nehmt dies wunderschöne Paar,
ein glühend rotes Exemplar.
Probiert es an, wagt ein paar Schritte,
verwehrt uns nicht die schlichte Bitte.

Königin

Na gut, ich will ja nicht so sein
und zwäng mich schon in sie hinein.
Schön sind sie, aus weichem Leder,
solche Stiefel hat nicht jeder.
Doch sitzen sie zu fest am Fuß –
Hilf, heiliger Antonius!

7 Zwerge

Den Heiligen braucht Ihr nicht zu rufen,
der kniet im Himmel auf Wolkenstufen.
Lasst den Heiligen schön in Ruh
und hört stattdessen uns kurz zu:

Nie mehr in Eurem Leben
wird's andre Schuhe für Euch geben.
Diese hier, obzwar zu klein,
müsst Ihr tragen, trotz der Pein!

Königin
Verfluchtes Pack, ihr sollt es büßen
falls mir Hühneraugen sprießen!

7 **Zwerge**
Genauso wird es sein, Madame,
gewöhnt Euch nur recht rasch daran:
Plötzlich wird Musik erklingen,
die Stiefel werden mit Euch springen,
Euch in wilde Wirbel zwingen.
Und wisst: Habt Ihr an jeder Zeh 'ne Blase,
tanzt Ihr Euch hilflos in Ekstase.
Bald rast Ihr schnell wie ein Propeller,
kreiert im Schmerz die Tarantella!

So soll es sein, so steht's im Buch:
Wer Böses tut, den trifft der Fluch!!!

Königin

Hört auf ihr Zwerge, mir geht's schlecht!
Her mit einem Stiefelknecht!!!

7 Zwerge

Der Stiefelknecht zwar hochwillkommen
wird Euch, Madame, zu gar nichts frommen.
Die Schuh' könnt Ihr nicht runterzerren,
da hilft kein Bitten und kein Plärren!
Sie bleiben Euer ganzes Leben
wie angeschweißt am Fuße kleben.
Untrennbar aus einem Guss
sitzt der Stiefel Euch am Fuß.

Wie schon gesagt, so steht's im Buch:
Wer Böses tut den trifft der Fluch.

Königin

Ich merk' schon, hier komm' ich nicht weiter,
drum flieg ich rauf zum Blitzableiter.
Ein Griff in meine Hexentasche,
schon liegt das Schloss in Schutt und Asche!
Nanu,
ich komm ja nicht vom Fleck,

beweg' mich langsam wie ein Schneck!
Nanu,
ich kann mich nicht erheben
und hinauf zum Söller schweben!
Wo bleibt denn meine Meisterschaft
in Magie und Hexenkraft?

7 Zwerge

Madame, Magie und Hexenkraft,
Madame, die haben wir abgeschafft.
Schlau sind wir, das wisst Ihr schon
und nach kurzer Reflexion
kamen wir vereint zum Schluss:
Hexenkraft bringt viel Verdruss,
beispielsweise Hexenschuss!
Um all dieses zu verhindern,
Magie und Hexenkraft zu mindern,
füllten wir in Eure Sohlen
ein Kännchen Schweiß vom Einhornfohlen,
ein Fingerhütchen Kokain,
drei Tropfen bitteres Meskalin,
zuletzt ein Quäntchen Fliegenpilz:
Ihr tanzt und strampft wie Rumpelstilz!

Königin

Hoho, das würde euch so passen,
die Drohung nehm ich ganz gelassen.
Doch verdammt, was soll das sein,
es zuckt und ruckt im linken Bein,
auch das rechte möchte tanzen,
aufgewühlt von Dissonanzen.
Eija, die Beine werden schneller,
schneller wird die Tarantella!
So tanze ich, o welch ein Graus,
prestissimo zum Schloss hinaus!
Doch hört und hört's mit Missbehagen,
eure Intrige ist zerschlagen:
Hexe bin ich lang gewesen,
nutzlos nun der Hexenbesen.
Weit offen steh'n mir alle Tore,
mach als Dancing Queen Furore.
Es zeigt sich ich bin unschlagbar,
bin Königin und Dancing Star!!!

Schlusswort

7 **Zwerge**

Zur Hölle tanzt sie mit Vergnügen,
wird die Fernsehshows durchpflügen!
Die böse Frau ist endlich fort,
Ruhe kehret ein am Ort.

Erinnert euch, so steht's im Buch:
wer Böses tut, den trifft der Fluch!
Da sich dieses nun erfüllt,
wird der nächste Vers enthüllt:
Wer achtsam ist in seinem Handeln
soll ungestört auf Erden wandeln.

Holt drum das Brautpaar eiligst rein,
tragt Speisen auf, schenkt ein den Wein.
Ihr Musikanten spielt zur Feier
auf Krummbass, Flöte, Harfe, Leier.
Ihr Sänger all, wärmt auf die Kehle
und jubiliert aus tiefster Seele!

Die Mission ist nun beendet.

War unser Tun am End verschwendet?
Nein, denn seht:
Das Gute hat gesiegt,
das Böse hat was abgekriegt.
Das Liebespaar glücklich vereint.
So soll es sein, so war's gemeint.

Du Prinz, gib auf Schneewittchen acht,
versprich uns, dass sie immer lacht!
Wir wünschen euch von Herzen Glück,
besucht uns bald,
wir kehrn zurück.
Ihr kennt den Weg der 7 Berge,
dort warten wir, die 7 Zwerge.

Ende

Werkliste

(Vor- und Nachsatz)

Mehr Informationen: www.galeriegugging.com

Katharina Muss

„Die Räuber"

2021, Ölkreiden auf Papier, 20 x 20 cm

Katharina Muss

„Verlorene Stadt"

2021, Bleistift, Ölkreiden auf Papier, 20 x 20 cm

Katharina Muss

„Ohne Titel"

2021, Farbstifte auf Papier, 21 x 29,7 cm

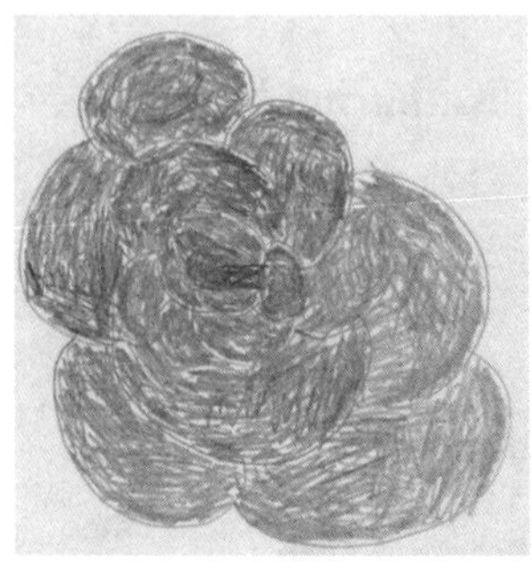

Arnold Schmidt

„Apfel“

2021, Bleistift auf Papier, 20 x 20 cm

Günther Schützenhöfer

„Der Brunnen“

2021, Bleistift, Farbstift auf Papier, 14,8 x 21 cm

Jürgen Tauscher

„Enterprise“

2021, Bleistift, Ölkreiden auf Papier, 20 x 20 cm

Erich Tressler

„Der verzauberte Prinz“

2021, Bleistift, Ölkreiden auf Papier, 29,7 x 21 cm

Karl Vondal

„Ohne Titel“

2021, Bleistift, Farbstift auf Papier, 21 x 14,8 cm

Karl Vondal

„Ohne Titel“

2021, Ölkreide auf Papier, 21 x 14,8 cm

Christa Schwertsik

1. **Lebenspläne:** Hans im Glück, Afrikaforscherin, Pianistin, Femme fatale, Nonne, Opernsängerin …

2. **zunächst:** Klavierunterricht, Psychologiestudium, Gesangs- und Schauspielunterricht

3. **notgedrungen:** Eisverkäuferin, Chorsängerin, Malermodell, Produktwerbung, Marktforschung und dergleichen

4. **zwischendurch** 3 Töchter

5. **schließlich doch** beim Singen & Spielen gelandet: Konzerte, Theater, Soloprogramme, Familienproduktionen, Regie, Lehrtätigkeit an der Universität für Musik und darstellende Kunst Wien

6. **noch immer** Hans im Glück!

Stadt Wien Gefördert von der Stadt Wien Kultur

Bibliografische Information der Deutschen Nationalbibliothek
Die Deutsche Nationalbibliothek verzeichnet diese Publikation in der Deutschen Nationalbibliografie; detaillierte bibliografische Daten sind im Internet über http://dnb.d-nb.de abrufbar.

1. Auflage 2022

Servitengasse 5, A-1090 Wien
www.braumueller.at

Illustration Cover: Erich Tressler, Der verzauberte Prinz © galerie gugging
Druck: Florjancic Tisk d.o.o, Perhavceva ulica 44, SI-2000 Maribor
ISBN 978-3-99108-150-0

SCHUTZENHÖFER 202